초보 집사를 위한
만화로 배우는
고양이 상식

도서출판 **나루코**

기본 상식

01 화	길고양이 겨울나기	08
02 화	냥줍인가? 납치인가?- 새끼고양이 함부로 데려오지 마세요	10
03 화	새끼고양이 수유하는 법 - 냥줍해서 보호소 보내지 마세요	12
04 화	집사가 기침을 하면 고양이가 우는 이유?	14
05 화	고양이는 어디를 만져줘야 좋아할까?	16
06 화	고양이가 유모차에 탄 아기를 뚫어지게 쳐다보는 이유?	18
07 화	고양이가 스크래칭을 하는 이유?	20
08 화	고양이가 집사를 좋아한다는 애정표현들 첫 번째	22
09 화	고양이가 집사를 좋아한다는 애정표현들 두 번째	24
10 화	고양이가 집사를 좋아한다는 애정표현들 세 번째	26
11 화	고양이가 이상한 소리를 내요	28
12 화	고양이도 모르는 고양이의 비밀	30
13 화	고양이 목욕시키는 방법	32
14 화	기분에 따라 고양이 동공이 변해요	34
15 화	고양이와 교감하기	36
16 화	고양이가 우는 다양한 이유들 첫 번째	38
17 화	고양이가 우는 다양한 이유들 두 번째	40
18 화	고양이에게 위험한 식물	42
19 화	고양이가 하루에 털을 핥는 횟수는?	44
20 화	고양이가 행복한 화장실	46
21 화	집사가 화장실에 가면 고양이가 우는 이유	48
22 화	'코숏'으로 불리는 한국 토종고양이	50
23 화	한국 토종고양이 '참 고양이' 종류 첫 번째	52
24 화	한국 토종고양이 '참 고양이' 종류 두 번째	54
25 화	재미로 보는 고양이 털색과 성격	56

26화	고양이는 좋아하다가도 왜 갑자기 콱 물까?	58
27화	고양이가 집사를 깨무는 여러 가지 이유	60
28화	집사야 나를 안지 말라냥	62
29화	고양이 바르게 안는 법	64
30화	고양이는 꼬리로 말해요	66
31화	고양이는 귀로도 얘기해요	68
32화	고양이도 비듬이 생겨요	70
33화	고양이 혀 돌기의 비밀	72
34화	고양이가 잠을 많이 자는 이유	74
35화	고양이가 식빵을 굽는 이유	76
36화	고양이는 어떤 꿈을 꿀까?	78
37화	삼색고양이가 99% 암컷인 이유	80
38화	고양이 송곳니엔 홈이 있다	82
39화	고양이가 식탁 위로 올라와요	84
40화	억울한 모함에 시달린 검은 고양이	86
41화	고양이가 창문 밖을 바라보는 이유는	88
42화	고양이 수염 절대 자르지 마세요!	90
43화	수염 모양으로 알아보는 고양이 기분 상태	92
44화	고양이가 상자를 사랑하는 이유	94
45화	고양이가 물건을 떨어트리는 이유	97

음식상식

100	46화	고양이에게 채소와 과일을 먹이자
102	47화	고양이는 생선을 좋아해?
104	48화	고양이에게 해로운 음식들
106	49화	고양이에게 좋은 음식들
108	50화	특별한 날 고양이 케이크 만들기

일반상식

51 화	고양이는 행운을 부르는 동물이다	112
52 화	세상에 평범한 고양이는 단 한 마리도 없다	114
53 화	재미로 보는 고양이와 개의 차이점	116
54 화	고양이 혐오자를 만났을 때 대처 방법	118
55 화	내가 구입한 개, 고양이 어디에서 왔을까?	120
56 화	길고양이를 위하는 캣맘 수칙	122
57 화	집사와 침대에서 같이 자고 싶은 고양이	124
58 화	집사공감 - 냥이를 만난 후 난 OOO게 되었다.	126
59 화	고양이 사진 예쁘게 찍는 법	128
60 화	행운을 부르는 고양이 '마네키네코'	130
61 화	12지신에 고양이가 없는 이유	132
62 화	인간과 길고양이의 공존을 위한 TNR	134
63 화	TNR 할 때 꼭 기억해야 할 사항	136
64 화	이란 길고양이는 페르시안인가요?	138
65 화	고양이가 사랑스러운 이유	140

건강상식

66 화	고양이 신체 부위별 건강 체크 첫 번째	144
67 화	고양이 신체 부위별 건강 체크 두 번째	146
68 화	고양이 무더운 여름나기	148
69 화	수면 자세와 고양이의 심리상태	150
70 화	우리 고양이 발톱관리	152
71 화	고양이 털, 털과의 전쟁	154
72 화	돼냥이를 탈출하자 - 1. 비만도 측정하기	156
73 화	돼냥이를 탈출하자 - 2. 체형으로 비만 측정	158
74 화	돼냥이를 탈출하자 - 3. 다이어트와 운동으로 날씬냥 되기	160
75 화	고양이 물 많이 마시게 하는 법	162
76 화	고양이 이빨 닦는 법	164
77 화	고양이가 우울증에 걸리는 이유	166
78 화	고양이 우울증 증상	168
79 화	우울증에 걸린 고양이 이렇게 대처하자	170
80 화	눈곱 색깔과 고양이 건강	172

초보 집사를 위한 **'만화로 배우는 고양이 상식'**을 펴내며…

1. 고양이와 함께하는 즐거운 시작을…

고양이를 처음 키우기 시작한 초보 집사들이 고양이와의 생활을 부담 없이 즐길 수 있도록 돕기 위해 기획되었습니다. 복잡하고 어려운 정보를 단순히 나열하는 대신, 쉽고 재미있는 만화 형식으로 풀어내어 누구나 부담 없이 읽을 수 있도록 제작되었습니다.

2. 만화로 쉽게 접근하는 고양이 상식

고양이를 키우는 일은 단순한 반려 이상의 의미를 가지며, 책임감과 지식이 필요합니다. '만화로 배우는 고양이 상식'은 초보 집사들이 반드시 알아야 할 필수적인 정보를 쉽고 직관적으로 전달하기 위해 만화를 선택하였습니다. 독자들이 쉽게 이해할 수 있도록, 복잡한 주제를 시각적으로 설명하며 재미와 정보 전달이라는 두 가지 목적을 동시에 충족시키고자 했습니다.

3. 고양이와의 더 나은 관계 형성을 위한 길잡이

고양이와의 원활한 소통은 집사와 반려동물 모두에게 중요한 요소입니다. 이 책은 고양이의 언어를 이해하고 그들의 행동에 반응할 수 있는 능력을 키워주기 위해 제작되었습니다.

4. 초보 집사들의 현실적인 고민 해결

고양이를 처음 기르는 사람들이 자주 겪는 문제들을 사전에 방지하고 해결할 수 있도록 현실적인 조언을 제공합니다. 만화를 통해 자연스럽게 문제 해결의 힌트를 제공하여, 독자들이 고양이와의 생활에서 불안감을 줄이고 자신감을 가질 수 있도록 돕습니다.

5. 누구나 쉽게 접근할 수 있는 반려동물 지식

반려동물을 키우는 데 있어서 지식은 매우 중요하지만, 접근성이 떨어지는 경우가 많습니다. 쉽고 간결한 만화 형식으로 누구나 쉽게 접할 수 있도록 제작되어, 나이와 상관없이 독자들이 고양이에 대한 올바른 정보를 얻을 수 있습니다.

'만화로 배우는 고양이 상식'은 초보 집사들이 고양이와의 생활을 더 즐겁고 풍요롭게 만들어줄 수 있는 든든한 동반자가 될 것입니다.

초보 집사를 위한 만화로 배우는 고양이 상식

기본상식
1화 ~ 45화

"고양이는 무슨 생각을 할까?
초보 집사가 꼭 알아야 할 고양이의 비밀 세계를 탐험해보세요!"

길고양이 겨울나기

겨울에는 다른 계절보다 사료의 양을 늘려주세요!

겨울철 길고양이들을 위해 사료와
따뜻한 물을 제공하고, 특히, 닭가슴살 같은 고열량
음식을 주는 것이 좋습니다.

길고양이들이 추위를 피할 수 있는 쉼터를
제공하여 건강을 유지하게 합니다.

냥줍인가? 납치인가?

새끼고양이 함부로 데려오지 마세요

길고양이를 구조할 때, 고양이가 정말로
도움이 필요한 상황인지 파악하는 것이 중요합니다.
새끼 고양이가 혼자 있는 경우
엄마 고양이가 근처에 있는지 확인해야 합니다.

냥줍 후 남에게 떠넘기거나 보호소로 보낼 생각이라면
그건 구조가 아니라 민폐이자 생명을 죽이는 행동입니다.

새끼고양이 수유하는 법

제3화

아깽이를 살리자

냥줍해서 보호소 보내지 마세요

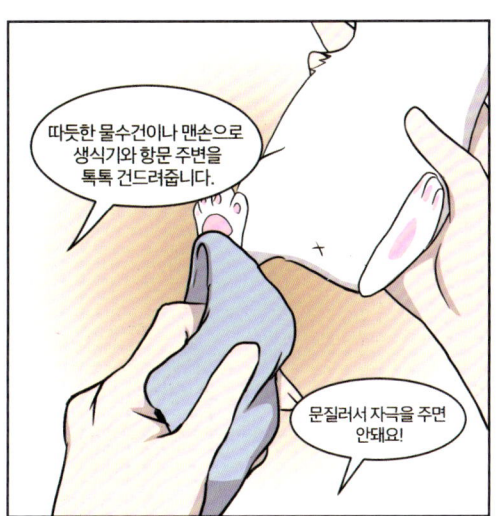

집사가 기침을 하면 고양이가 우는 이유

집사가 기침이나 재채기를 하면 고양이가 우는 이유는
안타깝게도 고양이가 집사를 걱정해서가 아니라
평소 잘 들어보지 못한 소리에 놀라
경계의 의미로 우는 것입니다.
하지만 우리집 고양이는 집사를 걱정해서
우는 것이라고 믿읍시다.

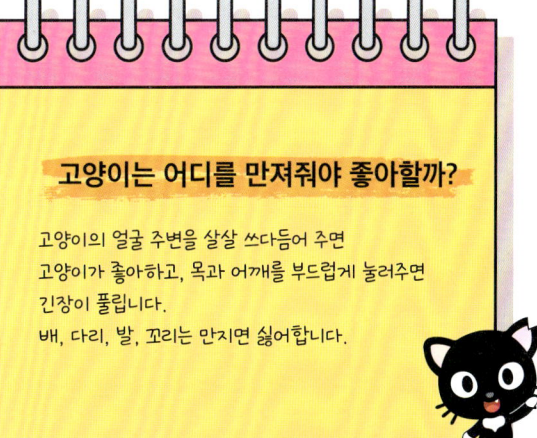

기본상식

고양이가 유모차에 탄 아기를 뚫어지게 쳐다보는 이유?

제6화

고양이가 유모차에 탄 아기를 뚫어지게 쳐다보는 이유?

유모차는 고양이에게 익숙하지 않은 물체로, 유모차에 탄 아기나 유모차 자체가 고양이의 관심을 끌 수 있습니다.
보통은 고양이는 유모차 안에 있는 아기보다 포근해보이는 유모차나 요람에 관심이 더 많습니다.

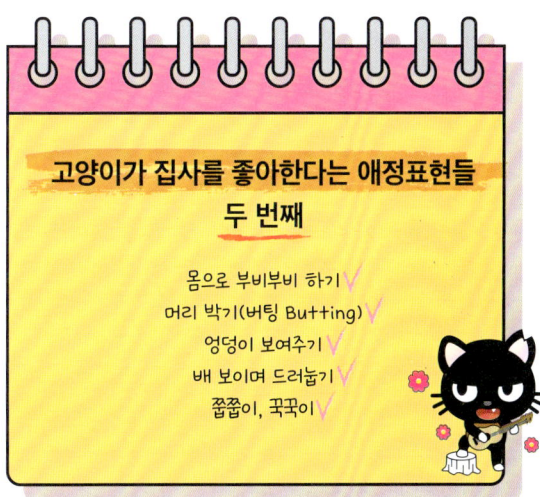

고양이가 좋아한다는 애정표현들
세 번째
제10화

꼬리 세우고 다가오기

고양이의 꼬리 모양만으로도 기분을 파악 할 수 있는데 기분이 좋을 때는 꼬리를 위로 빳빳이 세우고 끝을 살짝 구부린 채 다가 와요.

'행복한 꼬리'춤 이다냥

골골송

고양이는 좋을 때, 쉴 때, 먹을 때, 아플 때 등등 골골 소리를 내요.

골골골 기분 좋아

지금은 행복하고 안정감을 느낄 때 내는 골골송

서프라이즈 선물

꺄악

사냥도 못하는 한심한 집사를 위한 선물이다냥

얼굴 만지기

집사 오늘 우울해 보인다냥 슬퍼하지 마 내가 있잖아.

슬플 때 위로해주는 건 너밖에 없구나.

고양이도 모르는 고양이의 비밀

고양이는 휜 발톱을 가지고 있어서 나무 같은 곳을 잘 올라갈 수 있으나 내려오는 데에는 어려움을 겪을 수 있어 도움을 기다리는 경우가 많습니다.
어둠 속에서 인간보다 6배 정도 잘 볼 수 있고, 수염을 이용해 주변 물체를 인식하기도 하고, 냄새를 감지하는 조직이 입천장에 있습니다.

 **기본상식**

고양이 목욕시키는 방법
제13화

고양이 목욕시키는 방법

목욕 전에 먼저 뜨거운 물을 틀어놔 욕실을 따뜻하게 만들어주세요.

집사가 음모를 꾸미고 있다냥

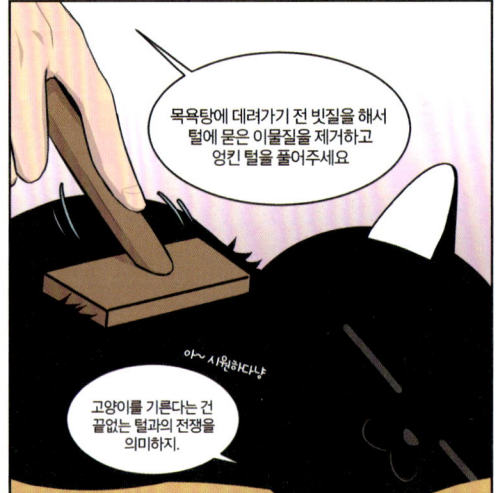

목욕탕에 데려가기 전 빗질을 해서 털에 묻은 이물질을 제거하고 엉킨 털을 풀어주세요

아~ 시원하다냥

고양이를 기른다는 건 끝없는 털과의 전쟁을 의미하지.

목욕물의 온도는 사람 체온 정도인 36~37℃가 적당하고, 따뜻하다는 느낌이 들면 됩니다.

샤워기로 털을 적실 때는 수압을 약하게 해서 자극이 덜 가도록 하는 것이 좋아요.

왜 꼭 목욕을 해야 하는 건데?

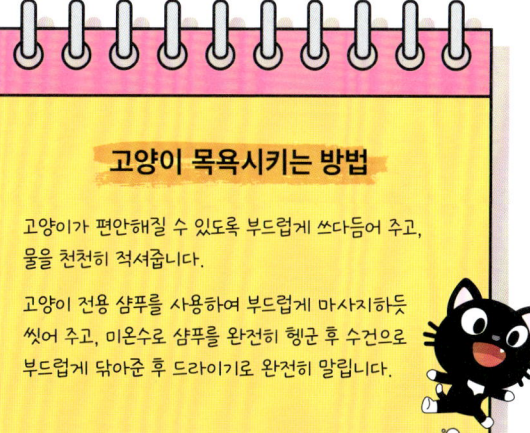

고양이 목욕시키는 방법

고양이가 편안해질 수 있도록 부드럽게 쓰다듬어 주고, 물을 천천히 적셔줍니다.

고양이 전용 샴푸를 사용하여 부드럽게 마사지하듯 씻어 주고, 미온수로 샴푸를 완전히 헹군 후 수건으로 부드럽게 닦아준 후 드라이기로 완전히 말립니다.

기본상식
기분에 따라 고양이 동공이 변해요
제14화

기분에 따라 고양이 동공이 변해요

밝은 환경에서는 동공이 작아지고, 어두운 환경에서는 동공이 커집니다.
고양이가 편안하고 이완된 상태에서는 동공이 작아지고, 무서워하거나 스트레스를 받을 때도 동공이 커집니다.
무언가에 집중할 때도 동공이 확장되는데, 이는 사냥감을 관찰할 때 이 현상이 나타납니다.

고양이와 교감하기
제15화

눈 키스
눈 키스는 우리 언어로 공격할 의사가 없다는 뜻이다냥
안전 안전

냄새 맡게 하기
향긋한 냄새가 난다냥
후각이 발달된 고양이의 코에 검지를 살짝 내밀어보세요.

경계가 심한 길고양이에게는 갑자기 다가가거나 만지려하지 마세요.
난 착한 사람이야. 겁 내지 마!
그걸 내가 어떻게 알아?

만져주기
10시간 잤는데 또 잠이 솔솔 온다냥
고양이는 귀와 귀 사이, 뺨, 턱, 뒤통수, 콧등을 부드럽게 만져주면 좋아해요.

고양이와 교감하기

눈 키스는 고양이에게 신뢰와 애정을 표현하는 방법이고, 냄새 맡게 하기는 집사를 신뢰하게 하는데 도움이 되고, 만져주기는 긴장을 풀어주고 교감을 증진시킵니다. 사냥 본능을 자극하는 놀이를 해주고, 숨바꼭질 놀이로 정신적 자극을 제공하는 한편, 그냥 냅두기를 통해 고양이가 스스로 다가올 수 있도록 기다립니다.

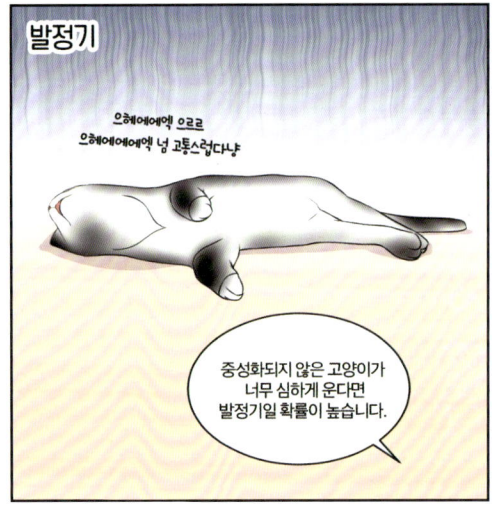

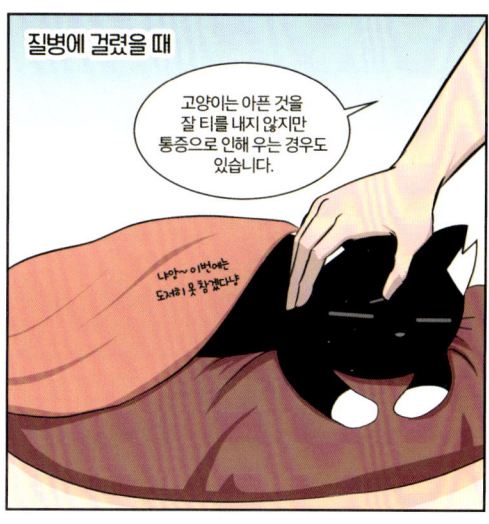

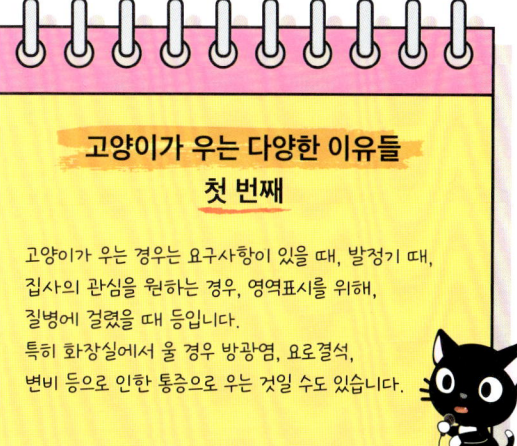

고양이가 우는 다양한 이유들
두 번째

고양이가 우는 이유 중에는 스트레스(이사, 탁묘 등), 식사 투정, 화장실 냄새, 집사가 화장실 갈 때, 창문이 닫혀 있을 때, 기분 좋을 때도 있습니다. 울면 원하는 걸 얻을 수 있다는 학습효과 때문에 울기도 하는데 가끔씩은 무시할 필요도 있습니다.

기본상식
고양이에게 위험한 식물
제18화

고양이에게 위험한 식물

백합과 식물

고양이가 백합과 식물을 가까이 하면 치명적이에요. 호흡곤란이나 전신마비 증상이 일어나며 침 흘림, 구토, 탈수 등 각종 심각한 증상을 야기합니다.

백합과 식물은 고양이에겐 독약이다냥

알로에

알로에도 백합과 식물인데 특히 알로에즙에 포함된 알로인이라는 노랗고 쓴 성분은 고양이 체온을 떨어뜨리고 구토와 무기력증, 우울증, 설사, 식욕부진 등을 일으켜요.

알로에성분 화장품은 고양이에 닿게 해선 안 되며 알로에성분 화장품을 바른 후에는 고양이와 접촉해선 절대 안 돼요.

아마릴리스

구토나 설사, 경련, 저혈압, 부정맥 등이 나타나며 특히 뿌리는 더욱 위험해요.

은방울꽃

백합과 마찬가지로 보기에는 예쁜 꽃이지만 맹독성분이 있어서 구토와 설사, 복통, 심부전을 일으켜요.

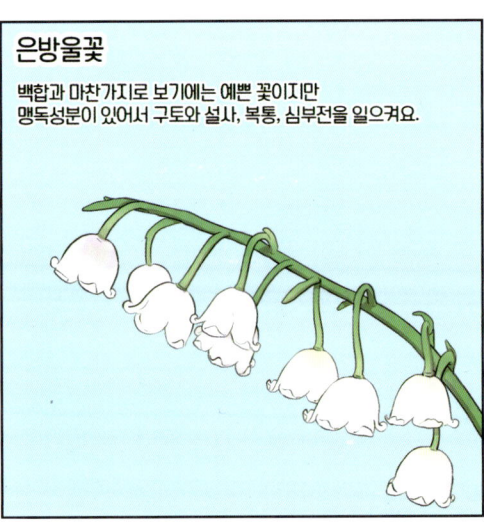

아이비
고운 잎을 가진 예쁜 덩굴식물이지만 고양이가 먹으면 설사, 복통, 구토 등 위험한 증상이 나타나게 되요. 잎, 줄기, 씨앗, 모든 부위가 고양이에게 위험해요.

드라세나
사포닌 성분이 고양이에게 독성 작용을 해서 피가 섞인 구토를 하게 하는 등 위험한 반응을 일으켜요.

포토스
포토스를 실내 공기정화용으로 많이 들여놓는데요. 잎에 독성물질이 있어서 고양이의 입안을 붓게 하고 피부염을 일으킵니다. 잎이 팔랑거려서 고양이가 좋아할 수 있으니 더 위험해요.

나팔꽃
씨앗에 독성이 있어요. 먹으면 구역질을 하며 구토와 설사 등을 일으켜요.

자료제공 - 까미엄마 skfldiskfl@naver.com 고양이뉴스 www.catnews.net

고양이가 캣그라스를 뜯어먹는 건 변비와 헤어볼 완화에 도움이 되요. 하지만 위에 소개된 식물들은 위험해요.

시클라멘, 히아신스, 재스민, 꽈리, 창포, 수선화, 철쭉, 도라지, 서향, 마거리트, 살구, 매화, 포인세티아, 튤립 등등도 고양이에게 위험한 식물이니 멀리해야 해요.

고양이에게 위험한 식물

백합과 식품, 아마릴리스, 은방울꽃, 알로에, 아이비, 드라세나, 포토스, 나팔꽃 등을 비롯해 시클라멘, 히아신스, 재스민, 꽈리, 창포, 수선화, 철쭉, 도라지, 서향, 마거리트, 살구, 매화, 포인세티아, 튤립 등등 고양이에게 해로울 수 있으므로 이러한 식물은 고양이의 접근이 불가능한 곳에 배치합니다.

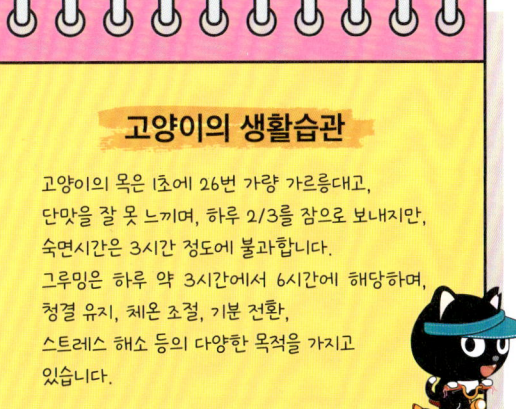

고양이가 행복한 화장실

고양이 화장실은 고양이가 편안하게 사용할 수 있도록 충분히 큰 크기로 선택하고, 열린 형태든 닫힌 형태든 고양이의 성격과 선호도에 따라 선택합니다. 주기적으로 화장실 전체를 청소하고, 모래를 완전히 교체하는데 이때 무독성 세제를 사용하여 잔여 냄새가 남지 않도록 합니다.

집사가 화장실에 가면 고양이가 우는 이유

고양이는 호기심이 많아 집사가 화장실에 들어가는 행동이 자신에게는 새로운 자극으로 다가올 수 있으며, 자신이 혼자 남겨졌다고 느껴 울음소리로 불안을 표현하기도 합니다.
또한 집사가 화장실에 갈 때 고양이는 평소처럼 놀거나 애정을 표현할 수 없는 상황에 놓이게 되므로 울음소리로 집사의 주의를 끌려고도 합니다.

'코숏'으로 불리는 한국 토종고양이

'코숏'은 '코리안 쇼트헤어(Korean Shorthair)'의 줄임말로, 한국 토종고양이를 의미하며, 최근에는 '한국 참고양이'로 부르자는 주장도 있습니다. 코숏은 한국의 환경과 생활 속에서 자연스럽게 발전해 온 고양이로, 그 다양성과 적응력이 뛰어납니다.

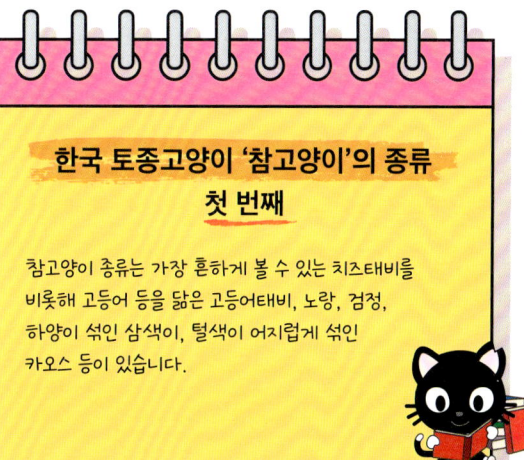

한국 토종고양이 '참 고양이'의 종류
두 번째
제24화

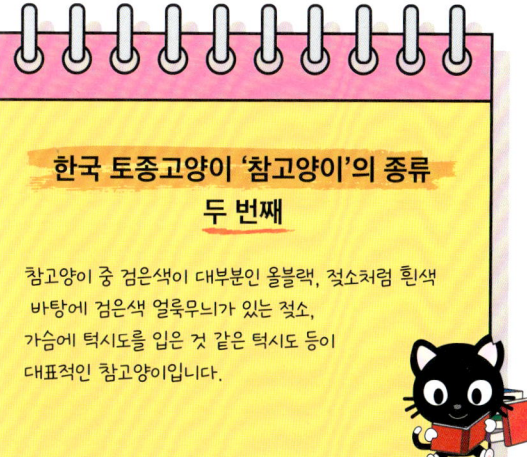

한국 토종고양이 '참고양이'의 종류 두 번째

참고양이 중 검은색이 대부분인 올블랙, 젖소처럼 흰색 바탕에 검은색 얼룩무늬가 있는 젖소, 가슴에 턱시도를 입은 것 같은 턱시도 등이 대표적인 참고양이입니다.

기본상식

재미로 보는 고양이 털색과 성격

제25화

검정+갈색고양이

신중하고 경계심이 강하다.
아직 야생성이 남아 있다.

사람 혈액형별 성격처럼
재미로만 보라냥

검은색고양이

독립적인 성격. 탐험을 좋아하고 체력과 호기심이 왕성하다.
사람을 잘 따르고 고양이끼리도 우호적이다.
'진료 중에도 얌전한 고양이'로 수의사에게도 인기가 좋다.

흰색고양이

대부분 섬세하고 얌전하다.
암컷은 특히 겁이 많아 주인과도 거리를 두는데
수컷은 그나마 좀 사교적이다.

노란고양이 (노랑+흰색)

활달하고 애교쟁이, 밝은 성격
아무에게나 애교부리고 차분한 성격.
식욕이 왕성해서 뚱냥이가 되기 쉽다.

턱시도고양이 (젖소)

사람에게 살갑고 애교쟁이에 온화한 성격
일반적으로 흰색이 많을수록 경계심이 많고, 반대로
검은색이 많으면 사교적인 성격인 것으로 알려져 있다.

삼색이

기분 내키는 대로 행동하는 전형적인 고양이 성격.
애교가 있거나 까칠하거나 하여튼 미스테리한 성격
모성본능이 강해서 새끼를 곁에 있을 때 다가가면
공격당할 수도 있다.

카오스

흰색이 없는 삼색이지만 삼색이와 성격이 꽤 다르다.
매우 온순하고 부드러운 성격.
자기 새끼가 아닌 다른 새끼고양이도 일일이 품어주며
다른 고양이를 꼼꼼하게 체크하는 등 어른스러운데
한 번 삐치면 오래 간다.

회색고양이

다소 까탈스러우나 사랑받고 싶어 하는 성격.
비밀스러운 면도 있고 구속을 싫어하지만
집사를 떨어져서 바라보는 집사바라기이기도 하다.

얼룩무늬고양이

대부분 친밀한 성격, 주인과의 유대가 밀접하고
스킨십을 좋아한다.

고양이뉴스 www.catnews.net

재미로 보는 고양이 털 색과 성격

털색과 성격의 연관성을 재미로 보되, 개별 고양이의
성격은 다양한 요인에 의해 결정되기 때문에
털색만으로 성격을 단정 짓기보다는 각 고양이의
개별성을 존중하는 것이 중요합니다.

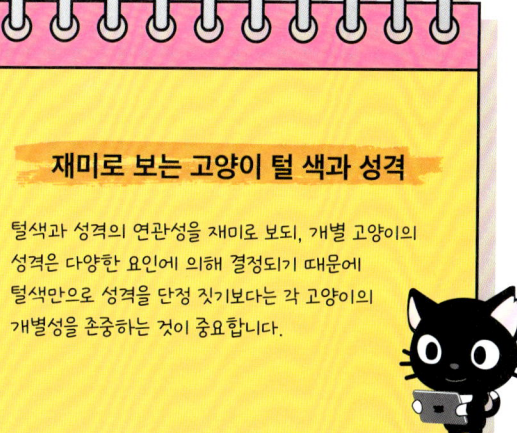

고양이가 집사를 깨무는 여러 가지 이유

고양이는 놀이를 통해 사냥 본능을 발휘하기 때문에 물기는 고양이의 놀이 방식 중 하나이며, 과도한 자극, 주의 환기, 스트레스 또는 불안, 방어 반응, 통증 또는 질병 등의 원인으로 무는경우가 있습니다.
고양이의 물기 행동을 교정하려면 일관된 훈육과 긍정적인 강화 방법을 사용하는 것이 효과적입니다.

집사야 나를 안지 말라냥

고양이가 안기기 싫어하는 경우는 신뢰하지 않기 때문이기도 하고, 구속이 싫어서, 냄새 때문에, 나쁜 기억 때문에 등의 이유가 있을 수 있습니다.
그러나 발톱을 깎거나 양치할 때, 치료할 때 등의 경우에는 꼭 안아서 하시길 바랍니다.

고양이도 비듬이 생겨요

비듬은 고양이의 피부에서 발생하는 각질로 건조한 피부, 영양 부족, 알레르기, 피부 질환, 과도한 그루밍 등으로 발생할 수 있습니다.
예방 및 관리 방법으로는 정기적인 브러싱, 샴푸와 목욕, 적절한 습도와 온도 유지, 정기적인 건강 검진을 통해 고양이의 전반적인 건강 상태를 점검하는 것이 중요합니다.

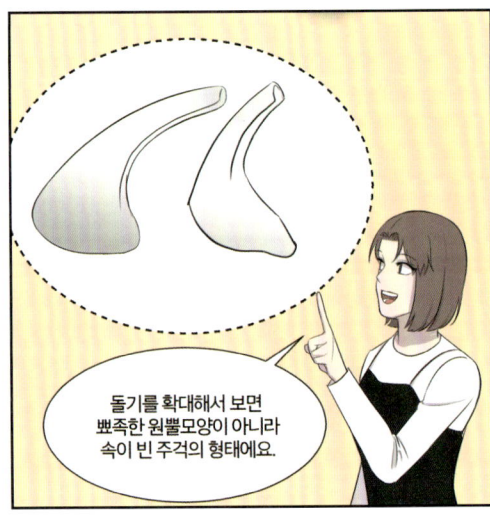

고양이 혀 돌기의 비밀

고양이 혀의 돌기는 '유두(papillae)'라고 불리며, 케라틴으로 구성되어 있으며, 후크 모양으로 구부러져 있습니다.
유두는 혀 전체에 걸쳐 있으며, 표면은 거칠고 단단하며, 그루밍 기능, 먹이 섭취 기능, 물 섭취 기능 등을 합니다.

고양이가 잠을 많이 자는 이유

고양이는 하루에 12시간에서 16시간 정도 잠을 자며, 짧은 시간 동안 깊은 잠을 자고, 나머지 시간에는 얕은 잠을 자는 형태로 수면을 취합니다.
고양이가 많이 자는 이유는 본능적인 사냥 습성 (에너지 보존, 사냥 본능), 성장과 발달, 환경 적응(안전한 장소, 일상 루틴), 심리적 안정 (스트레스 해소, 편안한 환경) 등입니다.

고양이가 식빵을 굽는 이유

고양이가 식빵을 굽는 이유는 편안함과 안전함, 체온 유지, 근육 이완, 경계 상태의 유지, 습관적 행동 등입니다. 그러나 이 자세를 지나치게 오래 취하거나 자주 변하지 않는다면, 건강 문제를 의심할 수 있습니다.

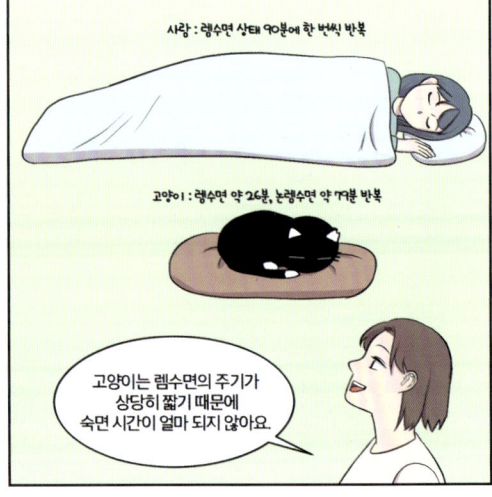

고양이는 어떤 꿈을 꿀까?

고양이의 수면 단계
고양이의 수면 중 일부는 REM(빠른 안구 운동) 수면 단계로, 이 단계에서 꿈이 발생하며, 전체 수면 시간 중 약 25%가 REM 수면에 해당합니다.
나머지 75%는 논REM 수면 단계로 깊은 잠을 자며, 몸의 회복과 성장에 중요한 역할을 합니다. 꿈이 거의 발생하지 않고 신체의 피로회복과 세포 재생, 면역력 강화에 기여합니다.

삼색고양이가 99% 암컷인 이유

수컷 고양이는 XY 염색체를 가지므로 일반적으로 한 가지 털색만 가집니다. 삼색 털색을 가지려면 수컷 고양이는 XXY 염색체를 가져야 합니다. 이는 유전자 돌연변이나 비분리 현상에 의해 발생할 수 있지만 매우 드뭅니다.
XXY 염색체를 가진 수컷 고양이는 클라인펠터 증후군과 유사한 상태를 가지며, 이는 생식 능력에 영향을 미쳐 대개 불임입니다.

고양이 송곳니에 홈이 있다

고양이의 송곳니는 길고 날카로운 형태를 가지고 있습니다. 이빨의 구조는 고양이가 먹이를 잡고 찢는 데 최적화되어 있습니다.
송곳니의 미세한 홈은 피를 흘리지 않도록 돕고, 공기 통로 역할, 효율적인 살상 등에 효과를 줍니다.

고양이가 식탁 위로 올라와요

고양이가 식탁 위로 올라가는 행동은 자연스러운 본능에서 비롯된 것으로 높은 곳 선호, 탐험과 호기심, 안정감, 음식 탐색 등의 이유가 있습니다.
고양이의 건강을 위해 절대 사람 음식을 주면 안됩니다.

기본상식

억울한 모함에 시달린 검은 고양이

제40화

억울한 모함에 시달린 검은 고양이

중세 유럽에서 검은 고양이는 흑마술과 악마 숭배와 연관된다는 미신이 널리 퍼져 있었습니다. 이는 검은 고양이가 불길하다는 인식을 강화했습니다.
또한 검은 고양이는 종종 마녀와 연관지어졌으며, 마녀들이 변신한 모습으로 여겨지기도 했습니다. 이로 인해 검은 고양이에 대한 부정적인 이미지가 형성되었습니다.

고양이가 창문 밖을 바라보는 이유

창문 밖을 바라보는 것은 새, 곤충, 작은 동물 등을 관찰하며 사냥 본능을 자극하는 활동이기도 하고, 자신의 영역을 지키기 위해 경계를 유지합니다.
창밖을 안전하게 볼 수 있도록 안전망을 설치하거나, 편안하게 앉을 수 있는 공간을 마련하는 것도 좋고, 창틀에 쿠션을 깔아주거나 창문 앞에 캣 타워를 설치하는 좋습니다.

고양이가 상자를 사랑하는 이유
제44화

포식자로부터 숨기 위해
천적으로부터 몸을 숨기기 위한 최고의 은신처에요.

사냥을 위해
사냥감으로부터도 몸을 숨기는 것이에요.

고양이가 상자를 사랑하는 이유

고양이가 상자를 좋아하는 이유는 안전하고 편안한 공간을 제공하기 때문입니다. 상자는 고양이에게 은신처를 제공하며, 고양이는 상자 안에서 안정감을 느낍니다.
이밖에도 상자는 고양이의 체온을 유지하는 데 도움이 됩니다.

고양이가 물건을 떨어뜨리는 이유

고양이의 호기심, 사냥 본능, 놀이의 일환일 수 있으며, 주인의 주의를 끌기 위한 행동일 수도 있습니다.
이러한 행동을 방지하기 위해 고양이에게 충분한 놀이와 자극을 제공하고, 고양이가 좋아하는 장난감을 주는 것이 도움이 됩니다

초보 집사를 위한 만화로 배우는 고양이 상식

음식상식
46화 ~ 50화

"오늘 저녁 메뉴는?
고양이도 좋아할 만한 건강하고 맛있는 음식 이야기!
'냥이 미식가'의 세계에 빠져봅시다."

고양이에게 해로운 음식들

양파와 마늘, 포도와 건포도, 초콜릿과 카페인, 알코올, 아보카도, 날계란, 날생선, 뼈와 지방 찌꺼기, 자일리톨 사람용 참치캔, 우유, 과자, 사탕 및 개 사료 등

고양이에게 좋은 음식들
제49화

고양이에게 좋은 음식들

물

고양이 장수 비결 중 하나가 물을 많이 마시는 겁니다.

길에는 흙탕물밖에 없네.

참외, 수박, 메론, 오이

물마시기를 싫어하는 고양이에겐 수분공급으로 아주 좋아요.

껍질을 벗긴 후 고양이 체구에 맞게 잘게 썰어 주세요.

씨도 꼭 제거하고 주라냥~!

탁 탁

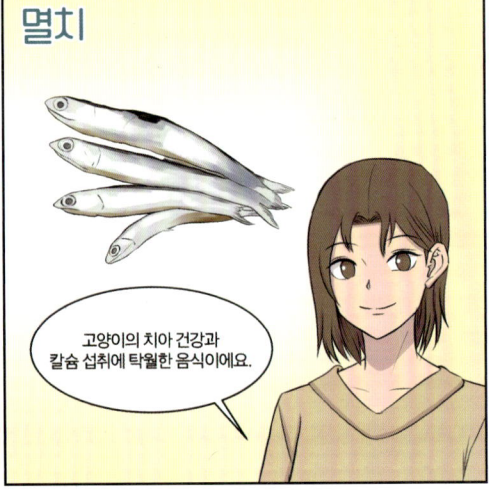
멸치

고양이의 치아 건강과 칼슘 섭취에 탁월한 음식이에요.

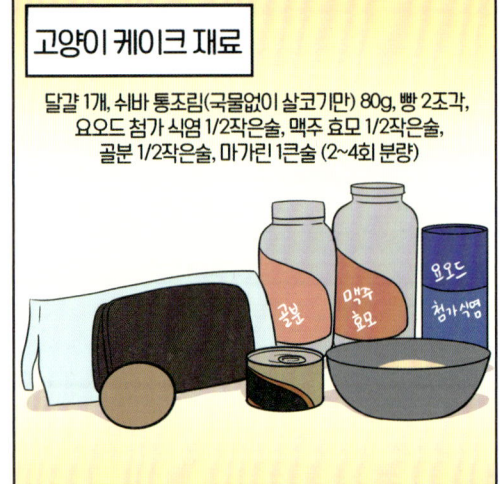

특별한 날 고양이 케이크 만들기

재료 준비: 닭고기와 연어를 익혀서 잘게 다지고, 호박을 익혀서 퓌레로 만들고, 달걀도 익혀서 잘게 다집니다. 고양이 사료는 가루로 만들거나 부드럽게 부숴줍니다.

작은 케이크 틀이나 손으로 동그랗게 모양을 잡고, 오븐은 180도(섭씨)로 예열, 케이크를 오븐에 넣고 15~20분 간 구운 후 고양이가 좋아하는 간식을 조금 올려도 좋습니다.

초보 집사를 위한 만화로 배우는 고양이 상식

일반상식
51화 ~ 65화

"고양이와 함께하는 일상이 좀 더 쉬워집니다!
생활 속에서 벌어지는
다양한 고양이 에피소드와 꿀팁을 만나보세요."

고양이는 행운을 부르는 동물이다

고양이가 다양한 문화에서 행운과 관련된 동물로 여겨지는 이유와 그 역사적, 문화적 배경이 있으며, 현대 사회에서는 고양이가 반려동물로서 많은 사람들에게 심리적 안정과 행복을 줍니다.
고양이와의 상호작용은 스트레스를 줄이고, 정서적 안정감을 제공합니다.

세상에 평범한 고양이는 단 한 마리도 없다

각각의 고양이는 저마다의 성격을 가지고 있어 어떤 고양이는 외향적이고 활발한 반면, 어떤 고양이는 내향적이고 조용합니다. 유전적 요인뿐만 아니라, 환경, 양육 방식, 사회화 경험 등이 고양이의 성격에 영향을 미칩니다.

세상에 평범한 고양이는 단 한 마리도 없다
－콜레트－

재미로 보는 고양이와 개의 차이점

고양이 : 고양이는 독립적인 성격을 가진 경우가 많습니다. 혼자 있는 시간을 즐기며, 자신만의 공간과 시간을 필요로 합니다.

개 : 개는 사회적 동물로, 사람과의 상호작용을 더 많이 필요로 합니다. 주인의 주위에 있는 것을 좋아하며, 혼자 있는 것을 싫어하는 경우가 많습니다.

고양이 혐오자를 만났을 때 대처 방법

고양이 혐오자를 만났을 때는 그들의 감정을 이해하고 존중하는 것이 중요합니다. 고양이에 대한 긍정적인 정보를 제공하고, 자연스러운 상호작용을 유도함으로써 고양이에 대한 인식을 개선할 수 있습니다.
갈등 상황에서는 차분하게 대처하고, 고양이를 싫어하는 사람의 편안함을 우선시합니다.

내가 구입한 개, 고양이 어디에서 왔을까?

펫샵 개, 고양이는 고양이(강아지) 공장이라 불리는 번식장에서 태어납니다.
번식장에는 평생 출산을 강요당하며 살아가는 어미들이 좋지 않은 환경에서 출산을 하게 되고,
새끼들은 생후 2개월도 안 되는 시기에 판매가 됩니다.

길고양이를 위하는 캣맘 수칙

안전한 급식 장소 마련, 정기적인 급식 시간, 영양 균형 고려, 중성화 수술(TNR) 실시, 주민과의 소통, 고양이 쉼터 제공 등에 유의해야 합니다.
그리고 길고양이를 돌보는 과정에서 주변 사람들의 입장도 배려하고, 그들과의 조화를 이루기 위해 노력합니다.

집사공감
냥이를 만난 후 난 OOO게 되었다

고양이를 반려동물로 맞이한 후, 집사는 다양한 긍정적인 변화를 경험하게 됩니다. 세심함, 책임감, 긍정적인 사고, 인내심, 규칙적인 생활, 창의력, 사회적 유대감 등 다양한 측면에서 삶의 질이 향상됩니다.

고양이 사진 예쁘게 찍는 법

제59화

고양이 사진 예쁘게 찍는 법

고양이 사진을 예쁘게 찍기 위해서는 자연광을 활용하고, 고양이의 시선과 맞추어, 자연스러운 행동을 포착하는 것이 중요합니다. 배경과 구도를 고려하고, 연사 모드를 사용하여 좋은 순간을 놓치지 않는 것도 중요합니다. 플래시는 사용을 금지하고, 좋은 사진을 촬영할 수 있도록 오래 기다리는 것도 중요합니다.

행운을 부르는 고양이 '마네키네코'

마네키네코는 일반적으로 행운과 번영을 가져다준다고 여겨집니다. 왼손을 들고 있는 마네키네코는 주로 손님이나 사람을 불러들이는 의미를 가지며, 특히 상점이나 식당에서 많이 볼 수 있습니다.
오른손을 들고 있는 마네키네코는 재물과 행운을 가져다주는 의미를 가지며, 이는 가정이나 사업체에서 재물운을 기원할 때 사용됩니다.

12지신에 고양이가 없는 이유

고양이는 원래 동아시아 지역에 서식하지 않았습니다. 고양이는 중국에서 처음 기록된 것은 기원전 500년경으로, 12지신 체계가 형성된 시기보다 늦게 들어왔기 때문에 빠졌다는게 일반적인 정설입니다.
티베트, 태국, 베트남은 토끼 대신 고양이가 12지신에 들어가 있다고 합니다.

인간과 길고양이의 공존을 위한 TNR

TNR(Trap-Neuter-Return, 포획-중성화-방사)은 길고양이의 개체 수를 관리하고, 그들의 건강과 복지를 증진시키는데 중요한 역할을 합니다.
중성화 수술을 통해 번식 관련 질병(예: 자궁축농증, 유선 종양)을 예방할 수 있고, 수컷 고양이의 경우, 영역 다툼이 줄어들어 부상과 스트레스가 감소합니다.

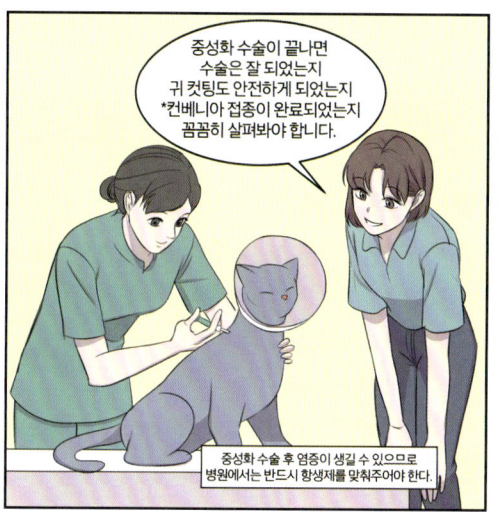

TNR 할 때 꼭 기억해야 할 사항

안전한 포획, 적절한 포획 시기, 포획 후 관리, 중성화 수술 준비 및 수술 후 관리, 귀 컷팅(Ear Tipping), 방사와 모니터링, 지속적인 모니터링, 커뮤니티 협력, 재정 지원 확보, 법적 절차 준수 등 철저한 준비와 사후관리가 중요합니다.

서로 장난하느라 정신이 없는 아깽이들

호기심 가득한 눈망울의 삼색이

차량 번호판이 이곳이 이란이란 것을 알려줄 뿐 고양이들은 우리 주변에서 흔히 보는 고양이들입니다.

페르시안은 18세기 초 유럽에 전해진 이후 19세기, 20세기 유럽과 미국에 의해 인위적으로 개량된 품종이에요.

페르시아에도 우리처럼 토종고양이들이 살고 있는데 길고양이를 학대하는 사람은 절대 찾아볼 수 없다냥~

이란 길고양이는 페르시안인가요?

페르시안 고양이는 이란, 즉 과거의 페르시아 지역에서 유래한 고양이 품종입니다. 18세기초에 이란에서 유럽으로 처음 소개되었습니다.
이란의 길고양이들은 페르시안 고양이와 유전적으로 관련이 있을 수 있지만, 대부분의 길고양이는 다양한 유전적 배경을 가지고 있으며, 페르시안 고양이와는 구별되는 특성을 지닙니다.

고양이가 사랑스러운 이유

고양이는 그들의 귀여운 외모, 우아한 동작, 독특한 성격, 따뜻한 교감, 재미있는 행동, 심리적 안정, 그리고 다양한 소리 등으로 사람들에게 사랑받는 반려동물입니다. 고양이와 함께하는 시간은 주인에게 큰 기쁨과 위안을 주며, 고양이와의 관계를 통해 정서적 안정을 얻을 수 있습니다.

초보 집사를 위한 만화로 배우는 고양이 상식

건강상식
66화 ~ 80화

"건강한 고양이는 행복한 고양이!
우리 고양이의 건강을 책임질 꿀팁들, 놓치지 마세요!"

고양이 신체 부위별 건강 체크   첫 번째

✓ **눈 건강 체크** : 눈이 흐리거나 탁해 보일 때, 눈곱이 지나치게 많거나 색이 진한 경우, 눈 주위가 붓거나 붉게 변한 경우 등 체크

✓ **코 건강 체크** : 코가 건조하거나 갈라진 경우, 분비물이 나오거나, 분비물의 색이 진한 경우, 코 주위가 붓거나 붉게 변한 경우 등 체크

✓ **입 건강 체크** : 잇몸이 붓거나 치아에 치석이 있는 경우, 입에서 악취가 나는 경우, 혀가 흰색이나 노란색으로 변한 경우 등 체크

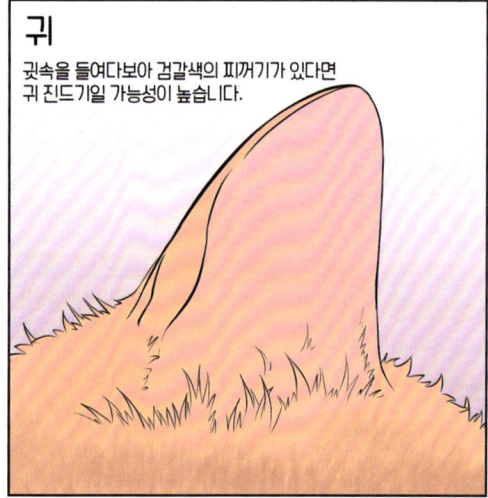

고양이 무더운 여름나기

고양이가 무더운 여름을 건강하고 안전하게 보내기 위해서는 적절한 수분 섭취, 서늘한 환경 제공, 털과 피부 관리, 식사 조절, 그리고 놀이와 운동의 적절한 조절이 필요합니다.
고양이의 건강 상태를 주기적으로 확인하고, 열사병이나 탈수와 같은 여름철 건강 문제를 예방하기 위해 세심한 주의를 기울여야 합니다.

수면자세와 고양이의 심리상태

고양이의 수면 자세가 갑자기 변하거나, 평소와 다른 자세로 자주 자는 경우 건강 문제를 의심해 볼 수 있습니다. 특정 자세에서만 자려는 경우 통증이나 불편함이 있을 수 있습니다. 특정 장소나 자세에서만 자려 한다면, 그 장소가 고양이에게 얼마나 안전하고 편안한지를 반영합니다.
잠자리 선호도가 급격히 변하면 스트레스나 환경 변화에 대한 반응일 수 있습니다.

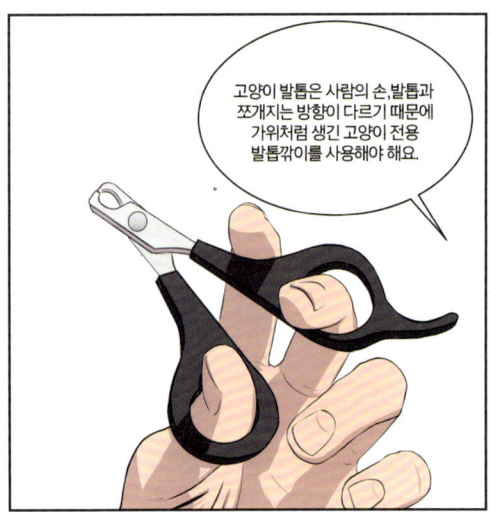

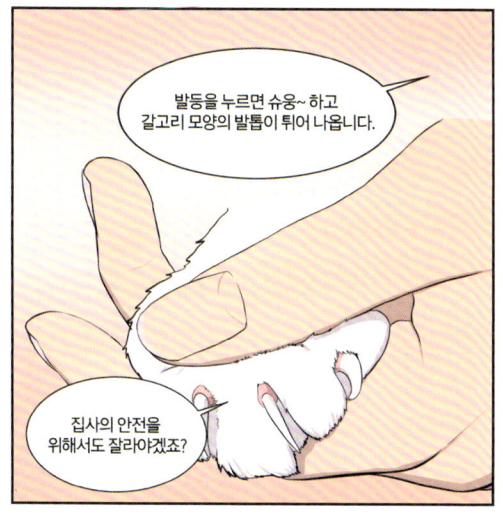
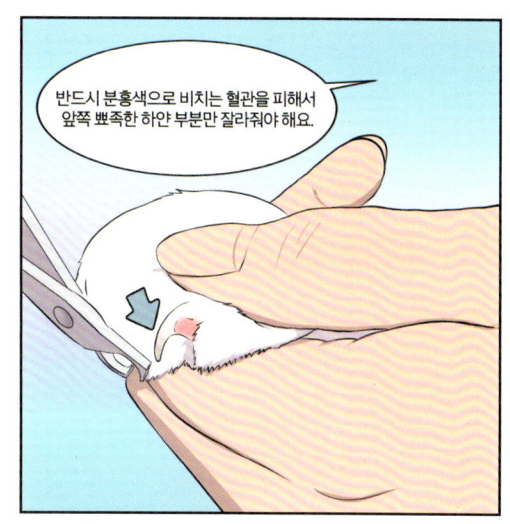

우리 고양이 발톱관리

발톱이 과도하게 자라지 않도록 정기적으로 깎아주어야 합니다. 너무 길면 걸을 때 불편함을 느끼고, 발톱이 갈라지거나 부러질 위험이 있습니다.
발톱을 깎은 후 고양이에게 간식을 주거나 칭찬하여 긍정적인 경험으로 기억하도록 합니다. 이는 다음 번 발톱 깎기를 수월하게 만듭니다.

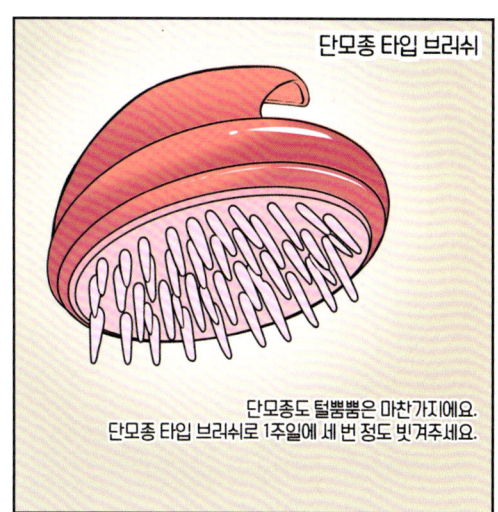
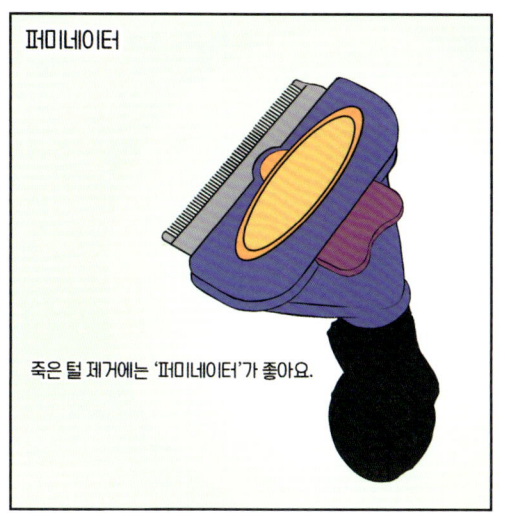

고양이 털, 털과의 전쟁

정기적인 빗질과 목욕, 영양 관리 등을 통해 고양이의 털과 피부를 건강하게 유지하고, 털로 인한 문제를 최소화할 수 있습니다.
적절한 도구를 사용하여 털을 효과적으로 관리하고, 알레르기와 청소 문제를 예방하는 것이 중요합니다

돼냥이를 탈출하자
1 비만도 측정하기
제72화

 건강상식

돼냥이를 탈출하자
2 체형으로 비만 측정
제73화

고양이 체형으로 비만 여부를 측정해 봐요.

털을 꼭 감안하세요.

아주 마름
갈비뼈에 지방이 없으며 꼬리부분의 피부와 뼈 사이에 살이 없다.

마름
갈비뼈가 쉽게 만져지며 약간의 지방이 있다.
꼬리에는 약간의 지방이 덮여 있다.

정상
비만도 0%의 정상체형으로 몸에 균형이 잘 잡혀있고,
갈비뼈 뒤로 허리가 분명하게 만져진다.
갈비뼈에 적은 양의 지방이 만져진다. 복부지방층이 적다.

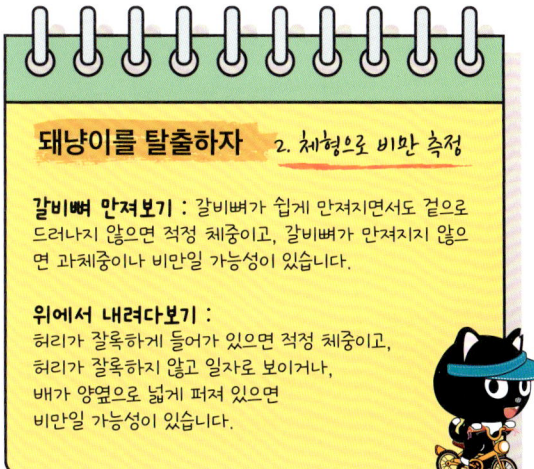

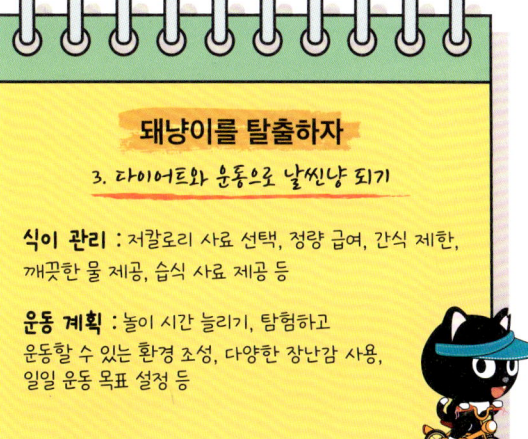

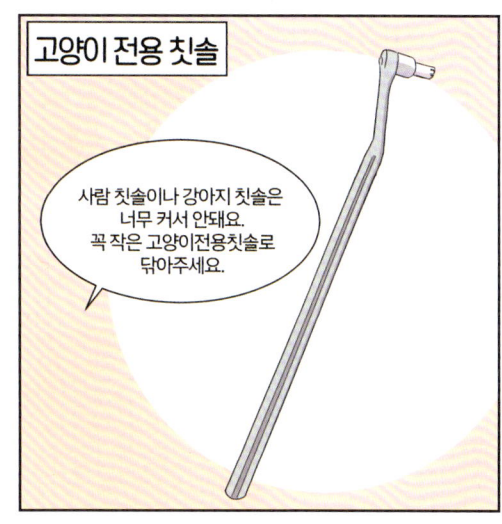

고양이 이빨 닦는 법

고양이의 입 크기에 맞는 작은 칫솔을 사용하거나 손가락에 끼워 사용하는 고양이용 칫솔도 있습니다.
이빨을 닦을 때는 짧고 부드러운 동작으로 닦아줍니다.
처음에는 짧은 시간 동안 닦고,
점차 시간을 늘려갑니다.

고양이가 우울증에 걸리는 이유

우울증의 주요 원인으로는 이사, 가족 구성원의 변화, 외로움, 놀이 부족, 질병 및 부상, 일상 생활의 변화 등을 들 수 있습니다.
이밖에도 보호자가 몹시 혼냈을 때, 무언가 계속 실패했을 때, 탁묘나 버려졌을 때, 서열 싸움에서 졌을 때, 반려인의 우울 증상 등도 원인이 될 수 있습니다.

고양이 우울증 증상

식욕 부진, 과도한 수면, 활동성 감소,
평소와 다른 울음소리, 과도한 그루밍, 공격성,
사람과의 거리 유지, 다른 동물과의 상호작용 감소,
화장실 사용 문제,
배변 횟수 변화 등을 보일 수 있습니다.

눈곱 색깔과 고양이 건강

눈곱 색깔이 갈색, 적갈색, 커피색이면 정상적인 눈곱이며, 흰색이나 노란색이면 질병을 의심해봐야 합니다. 더러운 주변환경, 화장실 모래, 그루밍, 꽃가루 알레르기 등이 좋지 않은 영향을 미칠 수도 있습니다.

블랙캣 나루
BlackCat NARU

'세계고양이의 날'은 8월 8월이며, 우리나라는 9월 9일이 '고양이의 날'입니다.

그리고 8월 17일은 미국의 '검은 고양이의 날'이며,

10월 27일은 영국의 '검은 고양이의 날'입니다.

전 세계 많은 나라가 각기 고양이의 날을 기리고 있는데,

굳이 따로 검은 고양이의 날을 제정한 이유가 무얼까요?

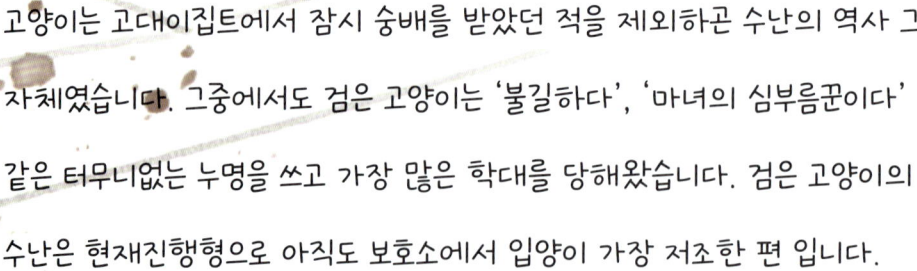

고양이는 고대이집트에서 잠시 숭배를 받았던 적을 제외하곤 수난의 역사 그 자체였습니다. 그중에서도 검은 고양이는 '불길하다', '마녀의 심부름꾼이다' 같은 터무니없는 누명을 쓰고 가장 많은 학대를 당해왔습니다. 검은 고양이의 수난은 현재진행형으로 아직도 보호소에서 입양이 가장 저조한 편 입니다.

'블랙캣 나루'가 바로 그 검은 고양이입니다. 나루는 검은 고양이도 얼마든지 귀엽고 사랑스러운 존재란 사실을 알리기 위해 탄생한 캐릭터입니다. 나루코는 대중에게 터부시되던 검은 고양이를 귀여운 캐릭터로 선택하여 편견을 해소하고, 긍정적인 이미지로 변화시키고자 노력하고 있습니다.
이를 통해 검은 고양이에 대한 편견이 해소되는데 도움이 되고, 유기동물 문제를 해결하는데 작으나마 도움이 되기를 희망합니다.

초보 집사를 위한 만화로 배우는 고양이상식

인쇄 : 2024년 10월 02일
발행 : 2024년 10월 10일
기획 : 나루코(주)
　글 : 박상욱
작화 : 김수민
표지 : 신지윤
일러스트레이션 : 신지윤
총괄 : 윤재호
편집디자인 : ㈜고양기획
펴낸곳 : 나루코(주)
주소 : 경기도 고양시 덕양구 소원로 102 행신역 1층
전화 : 070-7122-3488
팩스 : 031-966-5564
홈페이지 : www.naruco.kr

정가 : 12,000원